Welcome Baby

Guest

_____

_____

Advice for Parents

_____

_____

_____

_____

Wishes for Baby

_____

_____

_____

_____

Guest

Advice for Parents

Wishes for Baby

Guest

_____

Advice for Parents

_____

_____

_____

_____

Wishes for Baby

_____

_____

_____

_____

Guest

Advice for Parents

Wishes for Baby

Guest

_____

_____

Advice for Parents

_____
_____
_____
_____

Wishes for Baby

_____
_____
_____
_____

Guest

_____

_____

Advice for Parents

_____
_____
_____
_____

Wishes for Baby

_____
_____
_____
_____

Guest

_____

Advice for Parents

_____
_____
_____
_____

Wishes for Baby

_____
_____
_____
_____

Guest

_____

_____

Advice for Parents

_____
_____
_____
_____

Wishes for Baby

_____
_____
_____
_____

Guest

_____

Advice for Parents

_____
_____
_____
_____

Wishes for Baby

_____
_____
_____
_____

Guest

_____

_____

Advice for Parents

_____
_____
_____
_____

Wishes for Baby

_____
_____
_____
_____

Guest

_____

Advice for Parents

Wishes for Baby

Guest

_____

Advice for Parents

_____
_____
_____
_____

Wishes for Baby

_____
_____
_____
_____

Guest

_____

_____

Advice for Parents

_____
_____
_____
_____

Wishes for Baby

_____
_____
_____
_____

Guest

Advice for Parents

Wishes for Baby

Guest

Advice for Parents

Wishes for Baby

Guest

_____

Advice for Parents

_____
_____
_____
_____

Wishes for Baby

_____
_____
_____
_____

Guest

_____

_____

Advice for Parents

_____
_____
_____
_____

Wishes for Baby

_____
_____
_____
_____

Guest

Advice for Parents

Wishes for Baby

Guest

_____

_____

Advice for Parents

_____
_____
_____
_____

Wishes for Baby

_____
_____
_____
_____

Guest

_____

Advice for Parents

_____

_____

_____

_____

Wishes for Baby

_____

_____

_____

_____

Guest

_____

_____

Advice for Parents

_____
_____
_____
_____

Wishes for Baby

_____
_____
_____
_____

Guest

_____

_____

Advice for Parents

_____

_____

_____

_____

Wishes for Baby

_____

_____

_____

_____

Guest

_____

Advice for Parents

Wishes for Baby

Guest

Advice for Parents

Wishes for Baby

Guest

_____

_____

Advice for Parents

_____

_____

_____

_____

Wishes for Baby

_____

_____

_____

_____

Guest

_____

_____

Advice for Parents

_____
_____
_____
_____

Wishes for Baby

_____
_____
_____
_____

Guest

_____

_____

Advice for Parents

_____
_____
_____
_____

Wishes for Baby

_____
_____
_____
_____

Guest

_____

_____

Advice for Parents

_____
_____
_____
_____

Wishes for Baby

_____
_____
_____
_____

Guest

_____

Advice for Parents

_____
_____
_____
_____

Wishes for Baby

_____
_____
_____
_____

Guest

_____

Advice for Parents

_____
_____
_____
_____

Wishes for Baby

_____
_____
_____
_____

Guest

_____

Advice for Parents

_____
_____
_____
_____

Wishes for Baby

_____
_____
_____
_____

Guest

_____

Advice for Parents

_____
_____
_____
_____

Wishes for Baby

_____
_____
_____
_____

Guest

_____

_____

Advice for Parents

_____
_____
_____
_____

Wishes for Baby

_____
_____
_____
_____

Guest

_____

_____

Advice for Parents

_____
_____
_____
_____

Wishes for Baby

_____
_____
_____
_____

Guest

Advice for Parents

Wishes for Baby

Guest

_____

Advice for Parents

_____
_____
_____
_____

Wishes for Baby

_____
_____
_____
_____

Guest

_____

_____

Advice for Parents

_____

_____

_____

_____

Wishes for Baby

_____

_____

_____

_____

Guest

_____

_____

Advice for Parents

_____

_____

_____

_____

Wishes for Baby

_____

_____

_____

_____

Guest

_____

_____

Advice for Parents

_____
_____
_____
_____

Wishes for Baby

_____
_____
_____
_____

Guest

Advice for Parents

Wishes for Baby

Guest

_____

Advice for Parents

_____
_____
_____
_____

Wishes for Baby

_____
_____
_____
_____

Guest

_____

_____

Advice for Parents

_____
_____
_____
_____

Wishes for Baby

_____
_____
_____
_____

Guest

_____

_____

Advice for Parents

_____
_____
_____
_____

Wishes for Baby

_____
_____
_____
_____

Guest

_____

_____

Advice for Parents

_____

_____

_____

_____

Wishes for Baby

_____

_____

_____

_____

Guest

_____

Advice for Parents

_____
_____
_____
_____

Wishes for Baby

_____
_____
_____
_____

Guest

_____

Advice for Parents

_____
_____
_____
_____

Wishes for Baby

_____
_____
_____
_____

Guest

_____

Advice for Parents

_____
_____
_____
_____

Wishes for Baby

_____
_____
_____
_____

Guest

_____

_____

Advice for Parents

_____
_____
_____
_____

Wishes for Baby

_____
_____
_____
_____

Guest

_____

_____

Advice for Parents

_____
_____
_____
_____

Wishes for Baby

_____
_____
_____
_____

Guest

Advice for Parents

Wishes for Baby

Guest

_____

_____

Advice for Parents

_____
_____
_____
_____

Wishes for Baby

_____
_____
_____
_____

Guest

_____

_____

Advice for Parents

_____

_____

_____

_____

Wishes for Baby

_____

_____

_____

_____

Guest

_____

_____

Advice for Parents

_____
_____
_____
_____

Wishes for Baby

_____
_____
_____
_____

Guest

_____

_____

Advice for Parents

_____
_____
_____
_____

Wishes for Baby

_____
_____
_____
_____

Guest

_____

_____

Advice for Parents

_____
_____
_____
_____

Wishes for Baby

_____
_____
_____
_____

Guest

_____

_____

Advice for Parents

_____
_____
_____
_____

Wishes for Baby

_____
_____
_____
_____

Guest

_____

_____

Advice for Parents

_____
_____
_____
_____

Wishes for Baby

_____
_____
_____
_____

Guest

_____

_____

Advice for Parents

_____
_____
_____
_____

Wishes for Baby

_____
_____
_____
_____

Guest

_____

_____

Advice for Parents

_____
_____
_____
_____

Wishes for Baby

_____
_____
_____
_____

Guest

Advice for Parents

Wishes for Baby

Guest

_____

Advice for Parents

_____
_____
_____
_____

Wishes for Baby

_____
_____
_____
_____

Guest

_____

_____

Advice for Parents

_____
_____
_____
_____

Wishes for Baby

_____
_____
_____
_____

Guest

_____

_____

Advice for Parents

_____
_____
_____
_____

Wishes for Baby

_____
_____
_____
_____

Guest

Advice for Parents

Wishes for Baby

Guest

_____

_____

Advice for Parents

_____
_____
_____
_____

Wishes for Baby

_____
_____
_____
_____

Guest

_____

_____

Advice for Parents

_____

_____

_____

_____

Wishes for Baby

_____

_____

_____

_____

Guest

_____

_____

Advice for Parents

_____
_____
_____
_____

Wishes for Baby

_____
_____
_____
_____

Guest

_____

_____

Advice for Parents

_____

_____

_____

_____

Wishes for Baby

_____

_____

_____

_____

Guest

_____

_____

Advice for Parents

_____
_____
_____
_____

Wishes for Baby

_____
_____
_____
_____

Guest

_____

_____

Advice for Parents

_____
_____
_____
_____

Wishes for Baby

_____
_____
_____
_____

Guest

_____

_____

Advice for Parents

_____
_____
_____
_____

Wishes for Baby

_____
_____
_____
_____

Guest

_____

Advice for Parents

_____
_____
_____
_____

Wishes for Baby

_____
_____
_____
_____

Guest

_____

_____

Advice for Parents

_____
_____
_____
_____

Wishes for Baby

_____
_____
_____
_____

Guest

_____

_____

Advice for Parents

_____
_____
_____
_____

Wishes for Baby

_____
_____
_____
_____

Guest

_____

_____

Advice for Parents

_____
_____
_____
_____

Wishes for Baby

_____
_____
_____
_____

Guest

_____

_____

Advice for Parents

_____
_____
_____
_____

Wishes for Baby

_____
_____
_____
_____

Guest

_____

_____

Advice for Parents

_____
_____
_____
_____

Wishes for Baby

_____
_____
_____
_____

Guest

_____

_____

Advice for Parents

_____

_____

_____

_____

Wishes for Baby

_____

_____

_____

_____

Guest

_____

_____

Advice for Parents

_____
_____
_____
_____

Wishes for Baby

_____
_____
_____
_____

Guest

_____

_____

Advice for Parents

_____

_____

_____

_____

Wishes for Baby

_____

_____

_____

_____

Guest

_____

_____

Advice for Parents

_____
_____
_____
_____

Wishes for Baby

_____
_____
_____
_____

Guest

_____

_____

Advice for Parents

_____
_____
_____
_____

Wishes for Baby

_____
_____
_____
_____

Guest

_____

Advice for Parents

_____
_____
_____
_____

Wishes for Baby

_____
_____
_____
_____

Guest

Advice for Parents

Wishes for Baby

Guest

_____

_____

Advice for Parents

_____
_____
_____
_____

Wishes for Baby

_____
_____
_____
_____

Guest

_____

Advice for Parents

_____
_____
_____
_____

Wishes for Baby

_____
_____
_____
_____

Guest

_____

_____

Advice for Parents

_____
_____
_____
_____

Wishes for Baby

_____
_____
_____
_____

Guest

_____

_____

Advice for Parents

_____
_____
_____
_____

Wishes for Baby

_____
_____
_____
_____

Guest

_____

Advice for Parents

_____
_____
_____
_____

Wishes for Baby

_____
_____
_____
_____

Guest

_____

_____

Advice for Parents

_____
_____
_____
_____

Wishes for Baby

_____
_____
_____
_____

Gifts

Gift	Given By	Thank you note sent

Gifts

Gift	Given By	Thank you note sent

Gifts

Gift	Given By	Thank you note sent

Gifts

Gift	Given By	Thank you note sent

Gifts

Gift	Given By	Thank you note sent

Gifts

Gift	Given By	Thank you note sent

Gifts

Gift	Given By	Thank you note sent

Gifts

Gift	Given By	Thank you note sent

Gifts

Gift	Given By	Thank you note sent

Gifts

Gift	Given By	Thank you note sent

Made in the USA
Coppell, TX
04 March 2022

74459454R00057